ELS FOLLETS SABATERS

Adaptació d'un conte dels germans Grimm

Il·lustracions de Jordi Vila

Guió de Núria Font

cruïlla

EL SABATER ESTÀ TRIST.

El sabater està trist.

–QUI HA COSIT LES SABATES? –FA EL SABATER.

–Qui ha cosit les sabates? –fa el sabater.

UN HOME COMPRA LES SABATES.

Un home compra les sabates.

EL SABATER ESTÀ INTRIGAT.

El sabater està intrigat.

ELS FOLLETS FAN LA FEINA.

Els follets fan la feina.

LA ROBA NOVA
ÉS PER ALS FOLLETS.

La roba nova
és per als follets.

ELS FOLLETS CANTEN I BALLEN.

Els follets canten i ballen.